From Jay & Mary Ann Paulukonis
to
Mother & Dad Paulukonis
Christmas - 1991
Worcester, Massachusetts

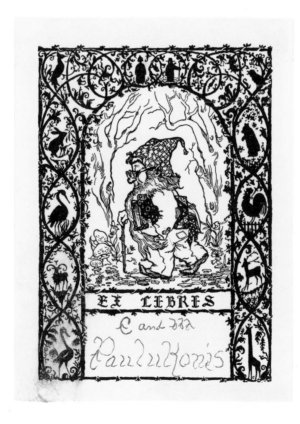

EX LIBRES
C and ???
Paulukonis

PHOTOGRAPHS BY ROMUALDAS POZĔRSKIS. Arranged and

edited by Algimantas Kezys. Introductory essays by Laima Skeiviené,

Mykolas Drunga, Algimantas Kezys, and Česlovas Grincevičius.

Copyright © 1990 by Loyola University Press. Printed in the

United States of America. ISBN 0-8294-0639-5


Published by LOYOLA UNIVERSITY PRESS Chicago 60657

# *ATLAIDAI* | Lithuanian pilgrimages

Library of Congress Cataloging-in-Publication

Atlaidai: Lithuanian pilgrimages.

   1. Christian pilgrims and pilgrimages—Lithuania—Pictorial works.
2. Fasts and feasts—Lithuania—Pictorial works.  I. Pozerskis,
Romualdas, 1951–  II. Kezys, Algimantas.  III. Skeiviene, Laima.
BX2320.5.S6A74    1990            263'.9'09475            89-28508
ISBN 0-8294-0639-5

Mykolas Drunga is a research associate at the Lithuanian Research and Studies
   Center in Chicago and specializes in Lithuanian culture and philosophy.

Česlovas Grincevičius is a Lithuanian short story writer and novelist now
   residing in Chicago.

Algimantas Kezys is a photographer and editor who has more than ten
   publications to his credit.

   Laima Skeivienė is an art critic residing in Vilnius, Lithuania.

I dedicate this publication to the memory
of my late cousin Dr. Kazys Martinkus (1953-1984)

— *Romualdas Pozerskis*

# REMNANTS OF A TRADITION

by Mykolas Drunga

Before we discuss anything else about the subject of this unusual book, we must explain the meaning of the key word in its title.

In its primary sense, the Lithuanian noun "atlaidai" translates exactly into the English noun "indulgence," taken as a term of Roman Catholic theology to refer to the partial or total remission of the temporal punishment still due for sin after absolution. But it also has a related secondary sense—the one intended on these pages — that lacks any customary English equivalent. In this derivative use, "atlaidai" means a kind of festive celebration during which such indulgences are collectively gained. These celebrations are indigenous to certain areas of Catholic Eastern Europe, primarily Lithuania and Poland, and have no counterpart in the religious practice of the English-speaking world. If an English expression for this sense of "atlaidai" were needed, something like "indulgence festival" might do the job. Since most readers, however, would find even this expression in need of further explanation, one might as well stick with the original Lithuanian appellation, which, if nothing else, serves to keep our attention on the uniquely local flavor of the phenomenon it designates.

Atlaidai, then, are† a type of public event (1) peculiar to the Catholic culture of Lithuania (and a few of its neighbors); (2) associated with the collective dispensation of indulgences; and (3) having the character of a folk festival. If they can be compared to anything, it is to the religious fiestas of the Hispanics. Yet the spirit of the atlaidai is quite different from that of the fiestas, as these visual records from the lens of Romualdas Požerskis show.

Part of this difference is entirely due to recent historical developments.†† While the Soviet absorption of Lithuania in the early 1940s has not snuffed out the life of Lithuanian Catholicism, it certainly has rubbed away much of its outward gleam. Prior to that, during its most recent period of national independence (1918-40), Lithuania was a vibrantly (yet unlike Francoist Spain, not intolerantly) Catholic country††† that wore its religious heritage on its sleeve. This heritage manifested itself in the opulent glory of hundreds of churches built in Gothic, Renaissance, Baroque, or Classicist style during the earlier periods of political sovereignty; in the rustic beauty of countless wooden roadside crosses and

---

†"Are," not "is," because "atlaidai" (like the English nouns "pants" and "scissors")·is grammatically plural and has no singular form.

††Lithuanian history is generally divided into the following periods: (1) the age of the sovereign Grand Duchy of Lithuania (early 1200s-1569); (2) the union of the grand duchy with the Kingdom of Poland into the sovereign Polish-Lithuanian Commonwealth (1569-1795); (3) the Tsarist Russian occupation (1795-1915); (4) the Imperial German occupation (1915-18); (5) the modern period of independence as the Republic of Lithuania (1918-40); (6) the first Soviet occupation (1940-41); (7) the Nazi occupation (1941-44); and (8) the second Soviet occupation (1944-present).

†††According to the 1938 census, 80% of Lithuania's population was Catholic, 10% Protestant, 7% Jewish, and 3% Russian Orthodox. No corresponding later figures are available because, until very recently, the Soviet government actively discouraged declarations of religious affiliation and, in any case, did not tabulate them.

i

miniature chapels strewn across the countryside by legions of folk sculptors working anonymously from the late 1600s onwards; in the theoretical and practical vitality of a modern Catholic intellectual life†, and, finally, in the colorful tradition of the atlaidai, those magnificent rural holy days and holidays that once a year lent sparkle and excitement to the otherwise humdrum existence of every village community.

But then, with the advent and final imposition of Stalinist rule, came the night. Many of the churches were shut down or converted to secular use; much of the religious folk art was destroyed; and all religious practices were banned outright or severely circumscribed. A particularly vulgar brand of Marxist atheism became the officially enforced state "religion" in a way that Catholicism never had been. Persons with differing beliefs, of whatever kind, were treated as second-class citizens or worse. They were forbidden to publish and teach their views, and suffered the rigors of the Gulag for trying. And even within that narrowest of breathing spaces that Soviet law did vouchsafe to religion, clergy and faithful could not perform any religious duties without continuous and heavy-handed interference from the state.

Deprived of both its independence and any access to the mainstream of public life, the Church survived underground and at the margins of social existence. It is in this light that the import of these pictures becomes clear: they are a document of this survival, testifying at once to its spiritual tenacity and its material poverty. Taken in the dark decade before the sunrise of glasnost, they do not—*could not*— show the obstacles through which people had to pass in order to keep the atlaidai tradition alive: the roadblocks set up to prevent vehicular access, the loudspeakers stationed in the vicinity of the churches to drown out the religious hymns with secular music, the threats to one's job security (and the educational prospects of one's children) directed at those who insisted on coming through. But the pictures do show, in a most eloquent and poignant way, the *result* of having faced, and overcome, all those obstacles.

It would be disingenuous, however, to explain the peculiar character of these images in terms of the impact of political circumstances alone. While deliberate government repression obviously has taken its toll, the destiny of religious traditions in Lithuania has also been affected by the same sort of "natural" processes with which we have long been familiar here in the West. As any traditional society undergoes modernization and urbanization, religion seems to recede, both physically and psychologically, into the provinces. Like France and Italy, which decades ago became Catholic countries in name only, Lithuania has not been immune to all the secularizing tendencies that sociologists regard as "normal" for modern society.

No wonder, then, that the atlaidai of the '70s and '80s do not have quite the same feel as those of the '20s and '30s. On the contrary, the great wonder seems to be that despite the hectic pace of industrialization since World War II, Lithuania

---

†For example, Lithuanian Catholic political thinkers contributed to the formulation of one of Eastern Europe's most advanced land reform programs, and developed the doctrine of cultural autonomy, a uniquely liberal-conservative view of church-state relations that promised to guarantee religious liberty, not by "disestablishing" all religions (as in the United States) but, on the contrary, by "establishing" all of them, on an equitable basis, in proportion to the strength of their following. Lithuania's Catholic philosophers were also among the first to denounce the ideology of Naziism.

has not become more of a "secular city" than it has. Paradoxically, it is here that the Communist system can finally take some credit. By the very crudity and relentlessness of its opposition to the phenomenon of religion, it has served to make religious identification and expression a focal point of popular (but hitherto largely passive) resistance to the Communist power monopoly. This has now actively come out in the current Gorbachevite thaw, with newly named Cardinal Vincentas Sladkevičius emerging as the nation's leading hero figure and with public demonstrations of religious allegiance becoming commonplace occurrences even in the cities. And it has long been evident (though carefully concealed from Western eyes) in the recesses of the countryside, where faith in the supernatural seems only to have gained in depth and intensity what it has lost in its external trappings, its theatrical splendor and style. That, as I see it, is the anthropological subtext of the portfolio presented in these pages.

According to extant eyewitness accounts, atlaidai as they used to be were splendid affairs indeed, and an echo of that radiance is still palpable in some of Požerskis's pictures. Each "indulgence-fest" was the social event of the year in the life of the parish where it took place, and in the provinces that probably still holds true today, as no state-sponsored festivity outside the cities seems capable of generating quite the same level of participatory enthusiasm. But not every parish is or was equally noted for the grandeur of its atlaidai; some drew only the locals, while others attracted people from miles away, even from across the borders of neighboring Latvia and East Prussia.

The trek to the most prominent of these celebrations truly took on the character of a pilgrimage, whence not only the English portion of the title of this book, but also the unflagging effort by Communist authorities to prevent as many people as possible from reaching their destination. The Soviet government has been tolerant of atlaidai only to the extent that it could manage to diminish their numerical significance. Its success in this respect, however, has not been invariable: on more than one occasion in the recent past, close to 100,000 people found their way to the atlaidai held at Šiluva, one of Lithuania's foremost shrines.

Each parish selects its own day from the liturgical calendar on which to hold the celebration — usually the holy day on which its church was consecrated, or the feast of its patron saint, or the nearest Sunday thereto. The most popular are the Marian feasts (especially the Assumption, Visitation, and Nativity); the feasts of the Ascension, Holy Trinity, and Divine Providence; and the feasts of Sts. Anne, John the Baptist, Peter and Paul, Anthony, George, Casimir, Rocco, Bartholomew, and Matthew. The celebration begins on the eve of the holiday and ends about twenty-four hours later. In the past, a few of the major atlaidai took up to eight or twelve days. Nowadays all atlaidai fall on a single weekend.

The faithful come to the atlaidai to receive the indulgences canonically granted to those who attend the religious services. What turns the thing into a festival is the pomp and circumstance with which the services are conducted, and the social events and activities built around them. The basic pattern of festivity that evolved through centuries of religious and folkloric practice, and crystallized in the 1920s and 1930s during the period of independence, survives today only in fragments and adaptations conditioned by the socio-political realities discussed earlier. We will now outline the flow of a typical celebration as it existed in full-fledged form prior to World War II, and indicate just some of the ways in which this pattern no longer corresponds to the present-day situation.†

**1**  Several weeks in advance of the atlaidai, farmers would plan on finishing their current seasonal task in time for the holidays, so as to be free to enjoy them to the fullest. A sense of anticipation would grip the entire countryside. As the big weekend drew near, homes were spruced up, sand was spread on the farmyards, farmstead gates and wayside crosses were decked with boughs and blossoms, pigs and calves were slaughtered, and liquid refreshments were readied — all for the benefit of the relatives, friends, and strangers who would be driving by on their way to town, dropping in for a visit, or staying the night. Then, on the morning of the final day before the holiday, folks would set out to decorate their parish church, the men stringing up oak or maple wreaths between the pillars, the women adorning the altars and churchgate. (Nowadays, under the collective farm system, with everyone on the state's rigid time and meager payroll, and with no allowance made by the bosses for anything having to do with religious observance, the rhythm of these preparations has been broken.)

**2**  Later the same day, hundreds of people from more distant localities would begin streaming into the village or town where the atlaidai were held. These included the beggars, who would camp outside the churchgate with their empty sacks and squeaky carts, and the peddlers, who would set up their tents, tables, and booths all along the road. By the time the atlaidai were over, the beggars' sacks would have been filled with food, and the peddlers would have made a small fortune. (Today, the beggars, as a distinctive subculture with their own established traditions and way of life, are gone forever, while the peddlers, an ongoing but shadowy class in Soviet society, must look constantly over their shoulders for the police.)

**3**  Having settled themselves in, the beggars would provide the weekend's first entertainment: a "concert" of old mendicant songs performed in chorus in an inimitable style harking back to the medieval *Carmina Burana*. (As hardly anyone ever thought of writing these songs down, their highly original lyrics and music have been irretrievably lost.) Meanwhile, the sacristan would set out a pair of kettledrums in the churchyard for the youngsters to pound on. The din of voices and drumbeats would soon be joined by that of the churchbells calling the faithful to evening services.

**4**  Atlaidai Eve, Vespers constituted the holidays' first religious event. After the parish choir finished singing the psalms and the organist delivered the *Magnificat*, there would be a procession around the church — again, the first of several that weekend, and not yet as festive as those still to come.

**5**  The real rush into town would begin early next morning, even before daybreak. As the sun's first light hit the fields, thousands of people filled up the roadways, some walking, others riding in their best carriages (of a type no longer seen today; private cars, and trucks, and buses — subject, of course, to their availability from the authorities — have replaced the horse-drawn vehicles of old, except for the

---

†Here, as elsewhere, I draw on the detailed account provided by Česlovas Grincevičius in his Lithuanian introduction to this volume.

ordinary carts still used for labor). After finding a spot to park their horse-and-buggy, most people sought out their friends in the crowd milling around the town square and churchyard. A few entered the church, where the non-obligatory morning devotions — the hours, rosary, and other prayers — were already in progress. It wasn't until the bells tolled for High Mass that most people standing outside would start pushing their way into the church. Almost always the crowd was too large for the generally small-sized country edifice to handle; the overflow stayed behind in the yard. (With fewer churches allowed to remain open, this is still spectacularly true today.)

**6** Preceded by another procession, High Mass was a sonorous affair, what with the celebrant (usually a guest priest chosen for the strength of his voice) soaring on the *Dominus vobiscums,* and the entire congregation carrying the traditional hymn tunes over the thunderous roll of the pipe organ. The sermon came at the end of Mass, and was often delivered from a pulpit specially erected in the churchyard.

**7** After Mass, the faithful went back outside or remained inside the church for another round of Vespers, sung by the parish choir in four-part harmony. Then came the biggest, the most extravagant event of the holiday — the third and final procession. Lithuanians seem always to have been fond of ornate religious parades, the details of which varied greatly according to time and place. A sixteenth-century account speaks of giant tableau reenactments of Biblical scenes being pulled on horse-drawn floats through the streets of the capital city, Vilnius. In the countryside, the pageantry was provided by a multicolor assortment of hand-held objects preceding and surrounding the canopied monstrance, the centerpiece of the procession.

**8** The parade was led out of the church by a black-red-and-blue costumed marshal shaking a large staff topped by a hollow, head-sized bronze ball filled with rattling pebbles. He was followed by a surpliced man holding up a huge silver cross, and by rows and rows of similarly dressed men carrying silken red or white banners, fringed in gold, with embroidered images of the Virgin and the saints. Some of the banners were so heavy that it took an additional three branching poles to prop them up against the wind. Stretching out from each banner were a dozen or so colored ribbons held at the other end by as many young girls dressed in folk costume. The large picture flags were succeeded by a contingent of smaller pink or blue ones. Then came the miniature altars, with Baroque gilding or Gothic spires, carried by the devout women of the Third Order, and a figurine of the Sacred Heart, carried on a white pillow by a little girl who was flanked by others holding candles and a green wreath. Dozens of visiting and local priests marched behind them, followed in turn by twenty or more flower girls.

At the command of their leader, these white-robed, rue-crowned girls would periodically stop, turn around, reach into their baskets, and throw handfuls of petals into the air, letting them fall on the path of the oncoming monstrance while chanting "Holy, Holy, Holy." At the same time, the seminarian walking between the flower girls and the monstrance would also turn towards it and swing his censer, releasing wafts of aromatic smoke. The monstrance with the Host was carried by the celebrant walking under a red, crown-tipped baldachin held up by two other priests, one on each side of him. They were flanked by two or four ministrants in red capes ceaselessly ringing four-bell altar chimes, and then by four men carrying colored lamps suspended from long poles. As if that weren't enough, from the front up to the baldachin the entire procession was edged on both sides by a file of surpliced boys, about forty in all, each of whom also carried a white, yellow, green, or red picture flag about a square yard in size.

Finally came the choir and brass band, conducted by the organist in a medley of sacred hymns. They often had trouble maintaining rank because they would be squeezed by onlookers trying to get in as close as possible behind the canopy. Guarding the procession from the rear, therefore, were two more marshals, swinging their staffs above the heads of the unruly and shouting, "Come on folks, be good Catholics!"

After the procession returned to the church, the celebrant priest solemnly intoned the words "Let us worship the Holy Sacrament," and then proceeded with the Benediction. In most places, this would have ended the religious portion of the festival. But in Žemaičių Kalvarija, with which nearly a third of the ensuing photos are concerned, the most solemn event was yet to come.

**9** The town of Žemaičių Kalvarija† has been known since the early seventeenth century for its outdoor Stations of the Cross, consisting of 19 wooden or brick chapels†† spaced out to correspond as accurately as possible to the physical distances Christ was believed to have traversed between the successive events of his Passion. The total length of the winding path from the first to the last station is a little less than five miles. When Bishop Jurgis Tiškevičius established these stations (1637-39), he strewed the path with pieces of earth he had personally collected from the sites of Christ's Passion in the Holy Land. In addition, the parish church received a sizeable relic from the True Cross and an Italian painting of Mary and Child officially pronounced to be miraculous. As a result, Žemaičių Kalvarija became the site of Lithuania's longest and most popular atlaidai, extending between July 1 and 12 and hosting tens of thousands of pilgrims annually. A plenary indulgence was granted to anyone walking the stations within that period. People walked them in groups, singing specially composed hymns to the accompaniment of drums and bugles. (This custom still survives today — usually minus the drums and bugles. Furthermore, the walks no longer occur continuously over a twelve-day period because Communist employers do not permit time off for that purpose on weekdays. Before the war, taking a few days off in quest of a plenary indulgence was not something that any Catholic farmer would begrudge himself — or his workers; indeed, labor contracts between owners and farmhands often specifically included a provision to that effect.)

**10** Finally, after the religious ceremonies, people would repair to town for the "profane" part of the celebration. In a carnival-like atmosphere, they browsed the merchants' stalls for holy pictures, candles, prayer books, hymnals, books on prophecies and dreams, musical folk instruments, farm tools, household utensils, costume jewelry, scarves, herbs, pretzels, candies, cakes, sausages, and a host of other edibles and novelties. Some had their pictures taken in front of exotic jungle

---

†Or "Samogitian Calvary" in English. Samogitia is the historically and culturally distinct northwestern province of Lithuania where Požerskis took most of his photos.
††Actually, there are 20 stations at Žemaičių Kalvarija, but two of them are assigned to the same chapel. The number of Stations of the Cross was not canonically fixed at 14 until the turn of the eighteenth century.

backdrops, tried their luck at games of chance, had their fortunes told by gypsies, and watched the magic tricks and circus acts with animals.

Those men who didn't linger too long at the town inn accompanied their womenfolk and children to the homes of local friends and relatives, who regaled them with spit roast, black bread, and home-brew. Soon the air would fill up with strains of song — sometimes boisterous but more often than not lyrical in character — echoing from rooftop to rooftop and joining the entire neighborhood in a celebration of the subtle satisfactions of nature and love. The noisiest merrymaking by far would come from one of the larger farmsteads, where a picnic for the general public was in progress, complete with brass ensemble stationed at the gate and a country band inside, alternately playing march music and dance tunes.

This was also a time for the young ones to make and renew acquaintances, and to let off steam by partaking in the often physically demanding folk games prescribed by tradition. In the warmer months especially, the season when most atlaidai took place, the revelry would last far into the summer night, which in the upper Northern Hemisphere never brought more than a few hours of lustrous dark. When the music finally ceased, it was replaced by the clatter of wagons caravaning home at daybreak.

This, then, is what atlaidai were like when people had the freedom — and the wherewithal — to glory in their Catholic identity. Today, as parishes have become impoverished, the pageantry of the ceremonies and processions is but a pale reflection of what used to take place yesteryear. And due to the general shortage of goods in Soviet society, the peddlers have much less to show and sell. Gone is the color and variety of the knicknacks on their tables. Even the partying afterwards is more subdued: the circumstances under which atlaidai can nowadays be celebrated are nothing to sing about.

But even as we write these lines, they seem to be changing again, and yes — for the better.

The very fact that the author of these photographs could recently come to exhibit them in Chicago,† as well as our reasonable expectation that copies of this book will be allowed to be openly distributed in Lithuania itself, are indications that the political winds have shifted in territories under Soviet control. The preceding year has witnessed some dramatic developments indeed. Many of the prisoners of conscience have been freed; Lithuania's only archbishop has been allowed to return from exile and resume his duties; a Lithuanian cardinal has been named (for the first time in four centuries!); some of the most important desecrated shrines have been restored to religious use by the faithful; Catholics have been granted permission to publish a religious periodical and to reestablish some of their previous civic organizations; and not only has some of the anti-religious propaganda been toned down, but religious topics have begun to be treated with respect, or at least neutrality, by the State-run media themselves. In general, and in many other ways not mentioned here, the hold of Communist Russia on now increasingly pluralist — Catholic, Protestant, Jewish, Karaite, secular — Lithuania seems to be growing more tenuous by the day. While national

---

†At the Čiurlionis Art Gallery in Chicago on June 3-12, 1988.

sovereignty is as yet far from being fully restored, the trend is definitely towards a more democratic, humane, and rational conception of political, social, and economic governance. If nothing else, the Soviet Union is on its way to becoming a "kinder, gentler" Evil Empire. And for this, credit belongs in large measure to what can now only be described as the enlightened despotism of Mikhail Gorbachev.

Unfortunately, all these positive developments began to occur after the last of the shots included in this volume was taken. That's why none of the euphoria presently felt by the Lithuanian people is reflected in them.† But unless the current greening of the empire comes to a sudden halt (as some acute observers of the scene still have reason to fear), we may yet live to see the return of the smiling, visibly happy faces — and, perhaps, of some of the operatic glitter — for which Lithuania's indulgence festivals had once been famous.

---

†Note, also, the reticence displayed by Laima Skeivienė in her specially commissioned article on Požerskis for this volume: in discussing "Country Holidays," the series from which the portfolio here was compiled, she scrupulously avoids any reference to its religious context. That is a holdover from the pre-Gorbachevite past.

# ATLAIDAI LIETUVOJE

Česlovas Grincevičius

Atlaidai. Šiuo žodžiu pirma prasme suprantama, kaip ir *Lietuvių enciklopedijoje* rašoma, ,,bausmės atleidimo šventė'' (katalikų Bažnyčioje), ir ,,šia proga kartais ruošiami prekymečiai''. Tačiau tai labai nepilnas paaiškinimas to, ką lietuviai supranta atlaidų žodžiu. Iš tikrųjų atlaidai yra ne tik didelė šventė, į kurią tikintieji renkasi, siekdami gauti atlaidų, bet ir pasigėrėti iškilmėm, procesijom, ką nors nekasdienio pamatyti, susitikti su artimaisiais, giminėm, draugais, pasisvečiuoti ir kartais ta proga paprekiauti, kokį niekelį šeimai ar piemenukui nupirkti. Kartais tokios šventės, irgi atlaidais vadinamos, švenčiamos visose bažnyčiose iškilmingiau negu paprastas sekmadienis, (Kalėdos, Velykos, Sekminės, Dievo Kūno ir kt.), sutraukia daugiau tikinčiųjų tik iš tos pačios parapijos; kitos puošniai švenčiamos tik kai kuriose parapijose, ir joms labiausiai tinka atlaidų supratimas. Į tokius atlaidus tikintieji renkasi iš tolimesnių apylinkių ir gretimų parapijų.

Didelės šventės labiausiai mėgstamos ir daugiausia žmonių sutraukia vasaros mėnesiais, kada ir susisiekimas yra geras, ir nuvykus, netelpant bažnyčioje, galima pasilikti šventoriuje, atviram lauke. Iš labiausiai populiarių švenčių — atlaidų Lietuvoje žinomos Švč. Mergelės Marijos Dangun Ėmimas (tai privaloma Bažnyčios šventė, švenčiama Lietuvoje visur, bet iškilmingai, kaip atlaidai, tik kai kur), Marijos Gimimo, Marijos Aplankymo, Švč. Trejybės, Dievo Apvaizdos, šventųjų Onos, Petro ir Pauliaus, Jono Krikštytojo, Antano, Jurgio, Kazimiero, Roko, Baltramiejaus, Mato ir dar kitų. Tai daugiausia susieta su paminėjimu bažnyčios pašventinimo ar parapijos globėjo, kurio vardu bažnyčia pavadinta.

Tokie atlaidai paprastai švenčiami tik vieną dieną, tą, kaip pažymėta liturginiam kalendoriuj, arba artimiausią sekmadienį. Išimtys žinomos dvi: Žemaičių Kalvarijos Švč. M. Marijos Aplankymas, kuris tęsiasi iki dvylika dienų (liepos 1 - 12) ir sutraukia iki 30,000 maldininkų, net iš Latvijos ir Gudijos, ir Šiluvos Švč. M. Marijos Gimimo šventė. Šiluva laikoma Lietuvos Liurdu, atlaidai tęsiasi visą oktavą. Net ir dabar okupantams trukdant, vaikant, užblokuojant kelius, atimant susisiekimo priemones, į šiuos atlaidus suvažiuoja, sueina iki 100,000 žmonių.

Atlaidai kaip džiaugsmo šventė ne vien liturgine prasme mūsų tautoje žinomi ir prigijo nuo seno, nuo Lietuvos krikšto laikų. Pagrindinę atlaidų apeigų liturginę formą davė Bažnyčia visiem katalikam visam pasauly. Neesminių pakeitimų padaro ir įterpia naujų elementų liturginėse apeigose kiekviena tauta pagal savo papročius ir tradicijas. Laikui bėgant tos formos keičiasi, bet pagrindiniai elementai nesikeičia, ir jie perduodami iš vienos kartos kitai.

Tas pats ir Lietuvoje. Lietuviai tokias šventes visada mėgo, jos prigijo, atlaikė įvairių okupacijų spaudimą ir religinių tradicijų eilėje užima svarbią vietą. Lietuviai, kaip ir visos tautos, bendraudamos su kaimynais, kas pas juos buvo priimtina, priėmė, pasiskolino iš jų papročius; kaimynai kai ką paėmė iš mūsų. Ir taip ilgainiui mūsų bažnytinės apeigos liko patrauklios, gražesnių formų, labiau įkvepiančios. Kilo noras gražesniu žodžiu, giesme, muzika, varpais Dievą pagarbinti, padėkoti, naujų malonių išprašyti. Tokių gražių, iškilmingų liturginių apeigų Lietuvos kaime nestinga. Lietuviai turi tokių savitumų, kurių neturi, nepažįsta kitos tautos. Atlaidai pasidaro didžiausiu parapijos metiniu įvykiu, ir jų laukia tiek dideli, tiek maži.

Lietuvoje prieš kiekvieną didesnę šventę jaučiamas sujudimas. Prieš atlaidus visi švarina savo sodybas, kaime kiemus smėliu išbarsto, vartus berželiais puošia, pakelės kryžius ar koplytėles gėlėmis išdabina; visi laukia svečių. Juk tolimam kaime, bažnytkaimy ar miestely per ištisus metus nieko gražesnio ir nebūna. Laukimo šventiška nuotaika persunkia visus, visi derina didesnius lauko darbus, nori pradėtus užbaigti iki atlaidų, kad porą dienų be rūpesčių ir neskubėdami galėtų su atvykusiais pabuvoti.


Jaunesnei kartai, užaugusiai šiame krašte, nelengva suprasti, dar sunkiau pajusti ir pagyventi anų laikų jų tėvų ir protėvių nuotaikom didesnių švenčių metu. Tai gal verta kaip pavyzdį atpasakoti vieno vidurio Lietuvos miestelio, šiam reikalui tipingo, didžių atlaidų eigą. Modeliu tenka paimti Josvainių atlaidus, čia rašančiam geriausiai pažįstamus ir ryškiausiai atmenamus.

Josvainiuose didžiausi atlaidai yra Marijos Vardas (pirmas sekmadienis po Marijos Gimimo, po rugsėjo 8). Ten ne tik tie, bet ir kiti atlaidai, šventės iškilmingiau ir gražiau švenčiami negu daugely kitų parapijų.

Šeštadienį prieš Marijos Vardą iš pat ryto sujudimas: iš kaimų atvežami vainikai bažnyčiai puošti. Tai ant ilgų virvių pritvirtintos ąžuolų arba klevų šakelės ir lapai. Vyrai tuos vainikus iškelia iki bažnyčios skliautų, galus pririša prie pilorių. Moterys gėlėmis, žalumynais išpuošia altorius, vartus, sutvarko šventoriaus aplinką.

Saulei palinkus į vakarų pusę, iš kažkur, keliais, keleliais pradeda traukti karabelninkai ir kur nors netoli bažnyčios, gatvėse statyti savo stalus, tiesti palapines. Tuo pačiu metu pasipila ir eilės elgetų. Apie tą neišvengiamą atlaidų elementą, elgetas, reikia atskirai pakalbėti. Tai būdinga visiem atlaidam visoj Lietuvoj.

Elgetos, populiariai vadinami ubagėliai, nuo seniausių laikų būtinas priedas ten, kur suplaukia žmonių minios. Nepriklausomybės laikais jie buvo pradėję nykti. Labdaringos įstaigos, parapijos steigė elgetynus, kur jie galėjo laisvai gyventi ir gaudavo maistą, bet sustabdyti elgetavimo vis vien nepavyko. Elgetavimas buvo įsigalėjęs paveldėjimas. Elgetos teikiamos globos nelabai norėjo priimti. Skundėsi, kad jiems atimama laisvė, kad taip gyveno ir vertėsi jų tėvai ir protėviai. Iš elgetynų dažnai pabėgdavo ir vėl užsiimdavo savo „amatu".

Į atlaidus jie traukia daugiausia pėsti, su tuščiais maišais; kiti tempia girgždančius vežimėlius. Būdavo ir tokių, kurie ir arkliais atvažiuodavo, tik juos palikdavo toliau nuo miestelio, kad žmonės nežinotų, kokie jie „turtingi". Iš kur jie, kur jie gyvena, niekas nežinojo. Pagal nusistovėjusį metinį atlaidų kalendorių jie ir keliauja iš vienos parapijos į kitą.

Šventoriuje, už vartų jiems neleidžiama sėstis. Įsikuria gatvelėje prieš bažnyčią abiejose kelio pusėse. Tik pėstiems lieka platus takas. Atsiveda vaikus, visaip juos aprengia skudurais, skundžiasi tikrom ar tariamom bėdom, ligom, žaizdom. Prašo pasigailėti, žada pasimelsti už mirusius tų, kurie ką duoda. Įdomiausia, kai pradeda giedoti negirdėtas giesmes, savo sukurtas, apie žinomus, dar daugiau apie nežinomus šventuosius, kankinius, kokį nors „šventą Apanarą vajauninką", kurį „razbaininkai drapakais kutavojo", apie „Morkų viso svieto mučelninką", kurį „pagonys ant akėčių septynias dienas tempė, vantavojo, po tam pūdymą jo kaulais išklojo, pylė smalą už kalnieriaus, lenciūgais vilko per Žemaitiją", ir t.t. Ne sykį giesmių pabaigoje prideda: „Bus ir tau taip, gaspadine šviesi, jei almūžnos ubagėliui pagailėsi. Duok lašinių didelį šmotą, po smerčio gausi vierną zaplotą". Vėl išgirsi apie šventą Jurgį „strielbų karalių", apie pamiškės Motiejų, baisiai nedorą ir „nemielaširdingą ubagams", kurio „dūšią po smerčio nečysta syla tampė taip, kaip vanagas vištą". Kitas traukia apie „mučelninką Parcinkų, kurį judošiai gyvą laikė po šaka tris metus".

Ir ko jie neišgalvodavo, tie anų laikų ubagėliai! Spalvingi, nepakartojami buvo elgetautojai ir jų sukurtos, iš kartos į kartą perduodamos giesmės, melodijos. Gaila, anoji tautosaka liko beveik nepastebėta, neįvertinta, neužrašyta.

Atsitikdavo, kad elgetos dėl vietos arčiau tako ir susimušdavo, lazdas paleisdavo į darbą, bet vakare pyktį užmiršdavo, paprastai didelė jų dauguma kur nors už miestelio, prie Šušvės, prie vandens malūno, miškely atšvęsdavo, „pabaliavodavo", sutardavo, kur kitą vasarą susitiks. Mat, Marijos Vardas rudenį, atlaidų sezono šioj apylinkėj kaip ir pabaiga.

Sykį Josvainiuose, o gal ir daugiau kur, atsitiko, ko elgetos visai nesitikėjo. Vos tik visi iš vakaro prieš atlaidų mišparus susirinko, užėmė geras vietas ir rengėsi naktį prasnausti, staiga atvažiavo pora sunkvežimių, iššoko keli policininkai, keli civiliai, elgetas susėmė, į sunkvežimį susodino, kurie nespėjo į artimiausius kiemus pasislėpti, ir išvežė Kėdainių link. Nuvežė dar toliau į Panevėžio pusę ir netoli Surviliškio paleido. Žinoma, pėsti pasiekti atlaidų jau nebegalėjo.


Vakarėjant miestelio vaikams ir paaugliams didelė pramoga: zakristijonas šventoriuj pastato du didelius būgnus, oda aptrauktus varinius katilus ant trikojų. To tik ir reikia. Tuoj jaunimas prisistato, ir prasideda koncertas. Visi varžosi, kas būgnus išmuš garsiau, kas tankiau, kas nepavargdamas ilgiau. Dundėjimas sklinda ne tik po visą miestelį, sklinda garsai ir dar toliau, iki pamiškės. Žmonės, išgirdę būgnų muziką, greičiau pradeda rengtis mišparams. Netrukus skambina ir varpais; skambina ilgai.

Mišparų giedoti prie išstatyto Švč. Sakramento išeina paprastai vienas iš svečių kunigų, jauniausias. Psalmes gieda parapijos choras keturiais balsais. Įpusėjus mišparams, kai vargonininkas užgieda pakiliai, dideliu balsu „Magnificat", visi stojasi, daug kam nuo iškilmingos melodijos nugara pereina net šiurpas. Tada iš zakristijos išeina balta kamža ir baltu šilkiniu šaliku ant kaklo kryžiaus nešėjas, dažniausiai rimtas, gerbiamas Šingalių ūkininkas Kasčiukas. Nukabina nuo sienos aukštą sidabrinį kryžių, atsistoja vidury bažnyčios. Už jo išsirikiuoja vėliavos, vėliavėlės, altorėliai, gėlių barstytojos. Šį vakarą dar nebus labai iškilminga procesija, tai paliekama rytojui.

Procesija lauke, einama aplink bažnyčią. Tai toks šviesus, tiesiog poetiškas momentas, neužmirštamas, retai kada pakartojamas, kai anapus šventoriaus, už Šušvės upės, pakalnėj išsitiesia rudenėjantys laukai, toliau miškas, o į jį kaip tik saulė leidžiasi ir procesijos dalyvius, vėliavas, baldakimą nušviečia gelsvais spinduliais.

Apie procesijas reikia atskirai pakalbėti. Šiais laikais ir šioj šaly jos beveik nežinomos. Procesijos — tai lėtos, iškilmingos, puošnios, tvarkingomis eilėmis eitynės bažnyčiose, lauke ar net gatvėmis, nešant arba Švč. Sakramentą, arba šventojo statulą, arba kokį simbolį. Jos skirtos Dievą pagarbinti, Jam padėkoti ar naujų malonių išprašyti.

Iškilmingos eitynės, procesijos, žinomos iš Senojo Testamento laikų, kai būdavo pakiliai nešama Sandaros skrynia. Krikščionys tą paprotį panaudojo, suteikdami naują turinį. Krikščionybės pradžioje procesijos būdavo rengiamos norint paminėti kokį Kristaus gyvenimo momentą, perkeliant relikvijas ar atgailojant. Vėliau kiekviena tauta pradėjo rengti tokias eisenas pagal savo paprotį ir charakterį. Procesijas labai mėgsta italai, tik kartais pas juos religinio charakterio nedaug lieka. Jose daug triukšmo, šūkavimo. Gal labiausiai žinomos Didžiosios savaitės procesijos Sevilijoj, Ispanijoj. Gražios ir iškilmingos Dievo Kūno procesijos Bavarijoj ir Austrijoj, kai einama laukų keliais, laivais keliamasi per ežerus, sustojama prie lauko koplytėlių.

Lietuvoje procesijos žinomos nuo 16 amžiaus. Pirmą kartą kronikose minima, kai 1586 Vilniuje jėzuitai su savo kolegijos auklėtiniais surengė Dievo Kūno procesiją gatvėmis su gyvaisiais paveikslais, įvairiais simboliais, vaizduojančiais kankinius, angelus, atgailautojus. Vėliau procesijos paplito visoj Lietuvoj. Ne vien tik Dievo Kūno šventėje. Ne tokios puošnios, be Švenčiausiojo, su kryžium ir keliom vėliavom tikintieji keliaudavo į laukus Šv. Morkaus (balandžio 25) ir Kryžiaus dienomis (pirmadienį, antradienį ir trečiadienį prieš Šeštines). Lankydavo pakelėse kryžius, koplytėles, giedodavo, prašydavo apsaugoti nuo gamtos nelaimių, melsdavo gero derliaus. Dar ir dabar būna gedulingos procesijos Vėlinių dieną į kapus. Labai iškilmingos procesijos esti Velykų rytą rezurekcijos, tada saulei tekant einama aplink bažnyčią tris kartus.

Vyskupas Motiejus Valančius *Žemaičių vyskupystėje* mini, kaip būdavo anksčiau, dar vysk. M. Giedraičio ir vysk. G. Eliaševičiaus laikais organizuojamos procesijos, kokia tvarka ėjo dalyviai:

Visų pirma ėjo vyriškieji giedodami, paskui motriškosios; visi turėjos rankose uždegtas vaško žvakes, iš namų atneštas. Įkandin paskui motrišką-sias ėjo dviem eilėm gražiai apdaryti praskusterėję vaikai, mergelės ir vaikeliai, vieni ir antri nešės rankose aukso taures, torielkėles, arba patentus, ir kitus indus bažnyčios. Ant galo ties pat Švenčiausiu Sakramentu ėjo kunigai su žvakėmis, mišių drabužiais apsivilkę. Jurgis Tiškevičia, vyskupas, užgynė vaikams bažnyčios indus bedalyti ir įsakė tų vietoj įduoti jiems žvakeles. Ilgainiui ta eilė būtinai pragaišo; randam raštuose, dar Sapiegai mūsų vyskupu esant, žmones kur pakliūk vaikščiojus... jaunikaičiai lig laiku bruzda iš bažnyčios su paparčiais, būgnais ir kitais dalykais. Motriškosios bogina laukan altorėlius. Eisenai prasidėjus, vienas ar du didžiūnu veda kunigą, Švenčiausią Sakramentą nešantį, kartais šeši vaikai, priskabę kiocelius žydinčių žolių, pakarčiui mėtlioja kunigui po kojų.

Mene, grafikoj bene talentingiausiai procesijas atvaizdavo ir įamžino Paulius Augius medžio raižiniais iš Žemaičių Kalvarijos, savo paties tėviškės. Jie į meno istoriją įeis kaip nepakartojamas šedevras.

Atlaidų rytą, sekmadienį, visais keliais ir keleliais dunda, rieda vežimai. Važiuotojai ne kasdienėm brikelėm, bet dailiais ratais, rateliais ar net fajetonais. Iš artimesnių apylinkių takais ir takeliais vyrai ir moterys pėsti. Moterys šviesiom skarelėm, rankose „venzleliai" — rišulėliai, viena kita žalia šakelė, plaukuose dažnai nuskintas žiedas. Būreliai šnekučiuojasi, juokauja.

Prieina miestelio pirmutines trobas, sėda ant akmens ar griovio krašto ir aunasi batais, bateliais. Apie namus vasarą daugiausia vaikšto basi, bet į „miestą" negali taip pasirodyti. Kas kita vaikams. Ir tinka čia Kazio Inčiūros lyrikos posmelis:

> Iš nakties bažnyčion moterys būriais eis,
> prie miestelio kojų apsiaut susės.
> Pasigersi žodžiais, sąmojais lengvaisiais,
> nes gimtoji žemė lūpom jų šnekės.

Miestely jau prasideda didelis judėjimas. Policininkai nurodinėja, kur statyti arklius, turi vargo su karabelninkais ir elgetom. Visi nori arčiau šventoriaus vartų. Suvažiavusieji, kas turi pažįstamų, palieka vežimus jų kiemuose; kas neturi, iškinkęs ir prie vežimo pririšęs arklius palieka miestelio aikštėje.

Žmonės būriuojasi netoli bažnyčios, sveikinasi su seniai nematytais. Į bažnyčią susirūpins sumai paskambinus.

Bažnyčioj iš ryto dar ta pati tvarka, kaip kiekvieną sekmadienį. Pirmiausia mažuoju varpu skambina „adynom" — valandom. Jas beveik tuščioj bažnyčioj vienas atgieda vargonuodamas vargonininkas. Paskui nuolatiniai giedotojai paaukštintose „lonkose" — suoluose pradeda giedoti rožančių. Vieną punktą vyrai, kitą moterys pakaitom traukia „dešimtį tūkstančių kartų tegul Tave, Viešpatie, pagarbina", paskui „dvidešimt tūkstančių", „trisdešimt" ir taip iki „penkiasdešimt". Po to prasideda pamaldos. Paprastai parapijos vikaro pareiga balta kapa prie Didžiojo altoriaus atlaikyti, atgiedoti jutriną. Tai gražios, beveik kitur užmirštos apeigos jau ir tada žmonių kartais klaidingai vadinamos rytiniais mišparais. Po to votyva — mišios, kada gieda visa bažnyčia; po votyvos suplikacija. Vieną punktą, pradedant „Šventas Dieve", gieda kartais kunigas, kartais zakristijonas, o atsako, pakartoja visi.

Kai paskambina sumai, prisipildo visa bažnyčia. Kurie netelpa, pasilieka šventoriuj po kaštanais ar klevais stovėti. Sumą laiko paprastai svečias kunigas, turįs gražiausią balsą, galįs garsiau traukti „Dominus vobiscum" ar melodingiau išraityti Prefaciją. Sumos pradžioje esti procesija, bet ji dar ne tokia iškilminga ir didelė, kaip bus po mišparų. Po sumos pamokslas. Sako labiausiai žinomas, garbingiausias arba geriausias pamokslininkas. Kai kada, ypač jei tuo metu karšta bažnyčioje, pamokslas sakomas šventoriuje iš anksto pastatytoj paaukštintoj sakykloj.

Paskutinė ir gražiausia atlaidų dalis — mišparai su procesija. Mišparus gieda choras keturiais balsais, o po to viską vainikuoja procesija. Tai puošniausia ir visų labiausiai mėgstama pamaldų pabaiga. Šios Josvainių procesijos pažiūrėti sueina ir tie, kurie jau buvo pasiskirstę po miestelį arklių patikrinti ar šiaip pasišvaistyti.

Procesijai bažnyčioj issirikiavus ir kunigui su Švenčiausiu pajudėjus, suskamba varpai. Pirmiausia pro duris į šventorių išeina maršalka, arba „šveicorius", kuris nors žinomesnis parapijos pilietis apsirengęs juodu, ilgoku surdutu, per petį persimetęs mėlynai raudoną plačią juostą, su ilga lazda, kurios viršuje vaiko galvos didumo misinginis blizgantis tuščiaviduris rutulys. Tos burbuolės viduje keli akmenukai ar šiaip kas palaida. Jie barška. Maršalka lazdą iškelia, pakrato. Vadinas, „matote, kokia didelė mano galybė! Aš procesijai kelią skinu!" Nors šventoriuj takas ir laisvas, bet tas vadovas laikas nuo laiko savo galybės ženklą vis pakrato ir iš lėto žengia pirmyn.

Paskui tas pats Kasčiukas su kryžium ir vėliavų miškas. Abipus kryžiaus dvi baltos nedidelės, toliau penkios ar daugiau didelės, plačios šilkinės vėliavos su issiuvinėtais maldos žodžiais, Dievo Motinos ar šventųjų paveikslais. Vėliavos apvedžiotos paauksuotais kraštais, išdabintos. Kitos sunkios, neišlaikytų vieno vyro rankos, tai nešamos su atsišakojamais stiebais trijų vyrų. O vėliavų puošnumas — prie kiekvienos dar aštuonios ar dvylika baltų (su raudona vėliava — raudonų) juostų. Juostas už galų laiko tiek pat mergaičių baltais ar tautiniais drabužiais. Paskui tų vėliavų dar kelios poros kiek mažesnių melsvų, rausvų, ar iš siūlų megztų vėliavų be juostų. Eilė altorėliams. Vieni jų su barokiniais paauksavimais, kiti su gotiškais bokšteliais. Juos neša pamaldžios moterys, tretininkės. Po jų baltais drabužėliais mergytė neša ant rankų baltą pagalvėlę su paauksuota Švč. Marijos širdimi. Greta keturios mažytės su žvakutėm, apsuptos kelių tokių pat mergyčių, nešančių žalią vainiką.

Toliau žygiuoja visi suvažiavę kunigai. Gal dvidešimt baltų mergyčių su rūtų vainikėliais ir krepšeliais — tai gėlių barstytojos. Jų vadovei davus ženklą, jos atsisuka į baldakimą, pasemia kelis žiedų lapelius, pameta kiek į viršų, pakartoja „Šventas, Šventas, Šventas", ir vėl žengia kelis žingsnius pirmyn.

Tada jau eilė viešinčiam klierikui atsisukti į celebrantą ir pasmilkyti kvepiančiais kodylo dūmais. Celebrantas su monstrancija, lydimas dviejų kunigų, žengia po raudonu su karališka karūna baldakimu. Šalia dar du ar keturi ministrantai su raudonom palerinom be perstojimo skambina keturgubais varpeliais. To dar negana: iš abiejų šonų keturi vyrai su ant ilgų kotų spalvotais žibintais.

Ir dar ne viskas. Nuo procesijos pradžios — kryžiaus — iki baldakimo, iš abiejų šonų, šalia visų vėliavų, altorėlių, mergaičių, kunigų keturiasdešimt berniukų neša keturiasdešimt baltų vėliavėlių. Jos maždaug kvadratinio metro didumo, pritvirtintos prie skersinės lazduotės, o ši iš abiejų galų prie ilgo koto. Su šventųjų paveikslais. Šalia baldakimo jau ne baltos, bet po dvi geltonos, žalios ir raudonos medžiagos. Vėliavų ir vėliavėlių miškas! Visi vyrai, visi berniukai procesijos dalyviai baltom kamžom. Ir kur rasi, kur kitur pamatysi tokį puošnumą ir inventoriaus turtingumą!

Paskui baldakimą eina choras, gieda. Vieną punktą giesmininkai, kitą pavasarininkų dūdų orkestras. Kad choras stumdydamasis pro besigrūdančius žmones nepasimestų, vargonininkas Bujanauskas, beveik visą kelią eidamas atbulas, diriguoja ir pats pusgarsiai pritaria kartais tenorams, kartais ir sopranams. Pagal reikalą. Žmonės kažkodėl nori neatsilikti nuo baldakimo ir spraudžiasi, grūdasi arčiau. Po choro ir orkestro paprastai žengia dar du maršalkos su panašiomis burbuolėmis, jas krato virš kitų galvų, stengiasi sulaikyti besistumdančius ir kartoja: „Žmonės, būkite katalikai!"

Žmonės po medžiais stovėdami, o vaikai net ant šventoriaus mūrinės tvoros užsikorę, stebi visa tai ir atsistebėti negali. Reikia viską atsiminti, grįžus į savo parapiją kitiems apsakyti, paraginti, kad kitais metais ir jie atvyktų į Marijos Vardo atlaidus, kad pamatytų, kaip čia, vėjui nuo Šušvės slėnio pakilus, staiga suplasnoja didžiulės vėliavos, kad ir vyrai negali išlaikyti, o iš mergaičių rankų ištrūkę kaspinai draikosi ore, iki kam iš arčiau stovinčiųjų pavyksta juos pagauti ir įduoti vėliavų palydovėms. Varpai, varpeliai, vėliavos ir veliavėlės, giesmės, melodijos — tai toks neužmirštamas momentas, valandėlė, kuri paliečia ir didelio skeptiko širdį, tokio, kuris ateina į bažnyčią tik Velykų rytą ir procesijos pažiūrėti per Marijos Vardo atlaidus. Liūdna būdavo, kai pasibaigus procesijai, kunigas užgieda „Garbinkime Švenčiausiąjį Sakramentą", išneša tuščią monstranciją į zakristiją. Vadinas nieko gražesnio iki kitų metų Vardo Marijos atlaidų ir nelaukit.

Bet atlaidai tuo dar nepasibaigė. Baigėsi tik bažnyčioje. Suvažiavusieji ras visokių pramogų, prasidės linksmoji dalis dabar miestely. Prasiveržti pro šventoriaus vartus, pirmiausia reikia praeiti pro elgetų, susėdusių gatvėje, rikiuotę; toliau staliukai, palapinės prekiautojų, karabelninkų, vertelgų. Ant staliukų šventieji paveikslai, žvakės, giesmynai, maldaknygės, kalendoriai, Michaldos pranašystės, sapnininkai, orakulai. Visa toji literatūra ilgus metus kaime turėjo didelį pareikalavimą. Kitas stalas apverstas agnosėliais, dūdelėm, armonikėlėm, švilpynėm. Gali ir trimitą nusipirkti, svarbu tik, kad galėtum jį išpūsti. Gali rasti kalnus riestainių, pyragų su razinkom ir be jų, „vengriškų" dešrų, džiovintų metylų nuo vidurių skausmo, kitų vaistažolių. Dar kas nors šaukia, kad jo dalgiai geriausi pasauly; pridėta visokių peilių, kablių, puodų, puodelių. Moterys derina prie veido skareles, varto šukas, visokius blizgučius, derasi ir neapsisprendžia, kurį pirkti muilą: „Žuvelę " ar „Kipro Petrausko".

Jei kas nori nusifotografuoti — labai patogu, nereikės važiuoti į Kėdainius ar Kauną. Fotografas prie tvoros pakabinęs plačią maršką su karališkais laiptais, palme ir išsižiojusiu liūtu patraukia visų dėmesį. Kas nenorės tokios retos nuotraukos! Prie jo minios. Tas žmogelis pasodina moteriškę šalia liūto, įduoda mišiolo didumo knygą ir fotografuoja; arba į akmenskaldžio geležines rankas įdeda popierinę gėlytę, pats užsimetęs ant galvos juodą skarą, kažką sukinėja, taiko. Būna ir kurjozų: viena senutė iš miško, gal pirmą kartą savo gyvenime fotografavusi, tik pamačiusi dar šlapią negatyvą, išsigando, persižegnojo ir suriko, kad čia ne ji, tai „smertkus".

Dar toliau toks charakteris su juodom žandenom ant staliuko pasidėjęs maišą Tilkos saldainių, leidžia žmogui pasemti saują, kiek viena ranka apima tų skanumynų, pasakyti magišką žodį „pora" arba „liška", juos paberti ir patikrinti. Įspėjai — saldainiai tavo, neįspėjai — pilk juos atgal į maišą. Litas kiekvienu atveju ne tavo.

Arba vėl: nematytas sulaižytais plaukeliais ponelis ant trikojo pasistatęs dėžę — seną katarinką, ją suka, sklinda girgždančio valso melodija. Ant to instrumento tupi mažytė jūros kiaulytė. Duok litą, ir tas gyvulėlis ištrauks iš dėžutės tavo laimę, raštelį, kur ir išburs, kad greit būsi turtingas, ilgai gyvensi ir „kažkokia kita ypata" tavo laimės pavydės. Laimės spėjikų yra ir daugiau. Prie ano stalelio reikia tik padėjus litą įspėti, kurioj magiko rankoj korta juoda, kurioj raudona. Vargiai iš pirmo ir antro karto įspėsi.

Ir taip toliau, ir taip toliau iki vėlaus vakaro, o rudenėjant vakaras juk greičiau priartėja.

O jaunimą labiausiai patraukia žinia, kad ten, miestelio gale, Burtulio didelėj sodyboj, už gyvenamų trobų bus gegužinė. Šokiai, žaidimai, dainos, skrajutė (skrajojantis paštas). Jauni žmonės vienas kitam raštu galės pasakyti meilesnį žodelį, paskirti pasimatymą. Gegužinę dažniausiai ruošia šaulių kuopa.

Prie įėjimo į sodybos kiemą išsirikiavęs dūdų orkestras. Jauni vyrai pučia iš visų plaučių kariuomenės parado metu mėgstamą maršą, populiariai vadinamą „Penki litai, penki litai, penkiasdešimt centų". Kaip tada ir nejaunas būdamas gali praeiti pro tą patrauklų kiemą, kur tenai, ana, pieva atitverta iš lentų sukaltais suolais, prismaikstyta berželių, o ant aukštos karties iškelta didžiulė trispalvė vėliava.

Jei atsimenam, kad Velykų rytą po rezurekcijos ir pamaldų visi galvotrūkčiais lekia namo, skubina arklius, tai to nėra po atlaidų. Kas kita per Velykas: kas pirmesnis namo, bus pirmesnis ir su laukų darbais. Dabar po atlaidų reikia pabuvoti pas pažįstamus, paragauti jų alaus, naujienomis pasidalinti. Jei skamba dainos gegužinės vietoje, skamba jos ir pro daugelio seklyčių atdarus langus. Visuose miestelio kampuose. Vežimų dardėjimas į namučius tęsis iki ryto.

Atlaidai baigiasi, bet malonūs atminimai pasiliks iki kitų metų tokių pat iškilmių. Taip jau buvo nuo seniausių laikų. Tik karas ir okupacija šias tradicijas, istoriškai susiklosčiusius papročius gerokai suardė, suprastino, tačiau jų neištrynė iš lietuvių atminties. Pradeda atgimti Lietuva, atgims ir atlaidų tradicijos su varpais ir procesijom. Ir vėl bus gražios, iškilmingos, visų laukiamos metinės šventės, vėl bus graži mūsų kaimo Lietuva.

# THE ART OF ROMUALDAS POŽERSKIS

by Laima Skeivienė

Like most Lithuanian photographers, Romualdas Požerskis learned his craft without any formal training. When he was fourteen, he taught himself to use his first camera, a gift from his father. As a student in electrical engineering at the Kaunas Polytechnic Institute, he met Virginijus Šonta, now also a well-known photographer. In 1973 they organized their first joint show at the Institute. This exhibit reflected less a personal than a general new interest in photography that was sweeping their country at that time. The just recently established Photographic Art Society encouraged camera buffs by sponsoring shows and securing media coverage for their work.

Požerskis's development was strongly influenced by Aleksandras Macijauskas, whose close personal attention and technical advice helped Požerskis form his own philosophical and aesthetic values. After Požerskis graduated from the Institute, Macijauskas invited him to join the staff of the Photographic Art Society. Požerskis also accompanied his mentor on the latter's travels throughout the provinces for his series on "Lithuanian Open-Air Markets."

Požerskis's first major work resulted from his being a fan of cross-country motorcycle racing. During racing seasons (1974-76), each lasting but a few days per year, he produced the series "Victories and Defeats," in which he demonstrated his ambitious striving for stylistic individuality. Immediate recognition at international exhibitions — a gold medal in Poland in 1975, and a grand prize in East Germany in 1976 — confirmed his success in realizing his aspirations. Požerskis presented an unusual view of the sporting life: instead of fixating on the climactic moments of physical action, he concentrated his attention on the human spirit. The hero of his pictures was not the record-breaking "star" but any man subjecting himself to the testing of his own limits. Exploring the reasons and circumstances that cause a person to overcome his sense of danger and fear of death, Požerskis refused to treat victory as the primary aim of sport and presented the experience of loss as an integral element in the spirit's education. He also scanned the audience attentively, seeking out moments of collective emotion.

"Victories and Defeats" revealed Požerskis's ability to combine reportage and psychological portraiture, as well as his adeptness at composition. He knows how to construct multi-plane pictures in which the distant rear planes are both formally and semantically active. There is no plastic expressiveness for its own sake, no play of form separate from the "story." Before completing the series, Požerskis excluded from it all the works in which formal aspects and impressive low angle effects were dominant, or in which plastic consonances subdued the delicate revelation of human emotion.

These peculiarities of Požerskis's style became even more evident in his series "Country Holidays," which enjoyed its first recognition at the Arles Festival in France in 1977, winning the Spectators' and Critics' prizes. Here, in texturally rich photographs filled with people, things, motion, and multi-planed space, reality again transcends the particularities of any single individual's life. Through the depiction of ordinary everyday situations — people shaking hands, talking, eating, visiting the dead — the photographer discloses the entire existential realm of humanity in one of its concrete settings (a rural one, in this case) and between its essential polarities of childhood and old age, life and death, work and rest.

During the last decade, Požerskis has been very productive. In addition to the above-mentioned series, between 1977 and 1985 he also brought forth "Old-Towns of Lithuania," where the festive bustle of "Country Holidays" gives way to the slow and quiet flow of life in the narrow alleys and shadowy courtyards of age-old cities. These photographs reveal Požerskis's adroitness in combining the grotesque, the humorous, and the tender. In 1983-86, he executed his series "Children's Hospital." Here the theme of human suffering, already emergent in his earlier works, is expressed in the language of children's pain and fear. Požerskis transforms a child's silent suffering into a symbol of universal human destiny. His latest series, "Gardens of Memory," concerns itself with how the living perpetuate their memories of deceased loved ones, and may well be regarded as a logical continuation of the "Children's Hospital" series.

# ROMUALDO POŽERSKIO FOTOGRAFIJOS MENAS DVELKIA GYVENIMIŠKUMU

by Algimantas Kezys

Požerskio nufotografuoti dabartinėje Lietuvoje švenčiami atlaidai kelia ne vien nostalgiškų prisiminimų bangą tiems, kurie turėjo progos į tokius atlaidus važinėti dar prieškariniais laikais, bet ir pagarbą Lietuvos žmogui, kuris iki šiol išlaikė gyvą tikėjimą ir stiprų prisirišimą prie šių senųjų kaimo tradicijų. Jo fotografijose, kaip ir mūsų atmintyje, stojasi prieš akis didžiųjų atlaidų epizodai: arklių traukiamos „padvados", su jauniausiu sūnumi ant priekinio sosto tarp tėvo ir motinos, likusi šeimyna ant minkšto šieno toliau vežime; miestelyje ar bažnytkaimy kaimynų ir draugų susitikimai šventiškuose drabužiuose, rimti pokalbiai vyrų būrelyje, šnibždėjimaisi tarp moterų; užkandžiai pievose ant patiestų „dekių", ištuštinti gėrimų buteliai pašonėje; pamaldos bažnyčiose ir šventoriuose, procesijos; baltais rūbais apsitaisiusios mergaitės, baltom pirštinėm pasipuošę kryžių, vėliavų ir baldakimų nešėjai; maldininkų minios — vieni stati, kiti kniūbsti ant kelių, treti iškėlę rankas į dangų ar sugulę kryžiumi ant žemės prieš Kryžiaus Kelių stacijas; kapinaitėse nuliūdę lankytojai prie savo artimųjų kapų, susikaupę, susikrimtę, su rožančiais rankose. Ši Lietuvos atlaidų panorama Požerskio pradėta fotografuoti prieš gerą dešimtmetį, kai dar nebuvo įsibrovusi į juos modernizacija — automobiliai. Požerskio vaizduose arklys ir pėsčias maldininkas yra esminė senųjų atlaidų dalis. Žmonėms pradėjus į atlaidus važinėti automobiliais, jau nebėra, anot Požerskio, kas buvo. Knygoje yra tik viena fotografija, rodanti jūrą automobilių pievoje. Ji lyg padeda tašką šiai Požerskio foto essay. Užfiksuota tik autentiškoji atlaidų gadynė. Po to jau yra kitaip.

Šis Lietuvos kaimo švenčių montažas Požerskio atliktas dokumentiniu stiliumi pačia gerąja to žodžio prasme. Jo fotografavime nepamatysi vaikymosi paskui madas ar kitokių išblaškančių manierų. Jis eina gerai išbandytu klasikiniu keliu — per tobulą formą į gyvenimo tikrovę. Jo paveikslų kompozicinė struktūra stipriai sucementuota — pasipylusioj žmonių minioj jo akis sustoja ties grupe veidų ar žmogaus figūrų, nelauktai supuolusių „į vietą", su puikiai sukomponuotu paveikslo svorio centru ir prasmingom antraeilėm, jį supančiom, detalėm, lyg sudarančiom paveikslo rėmą, irgi sudėtą iš paties gyvenimo pateiktų elementų. Į tuos rėmus Požerskis įstato ne ką kita, o vėl — patį gyvenimą. Tokiu būdu fotografijų pagrindinės dalys — turinys ir forma — išsakyti tik gyvenimo padiktuotu alfabetu.

Gyvenimiškumą mene galima suprasti tik kaip išorę. Bet jis tada bus šaltas ir bedvasis. Jis turi sietis su vidine žmogaus sąranga, jo sąmone, vaizduote ir pojūčiais. Fotografavimo mene ši vidaus ir išorės dialektika turi didesnį svorį negu kituose menuose. Fotografo objektyvui būtinai reikia objekto, kurio galima pasigesti tapyboj ar grafikoj, ypač abstraktinėj. Proporcija tarp objektyvumo ir subjektyvumo foto mene gali įvairuoti visai nelaukta kryptim. Kuo subjektyvesnis fotografo pagautas vaizdas, tuo jis gali būti gyvenimiškesnis, nes galima manyti, kad sudvasinta išorė, su dideliu interpretaciniu krūviu, parodo tikroviškesnį gyvenimą, negu be jokios interpretacijos. „Objekto išorė" žodyno prasme gali būti atskirta nuo subjektyviųjų žiūrovo ar kūrėjo pridėtų klodų, bet meniškumo prasme jie turi eiti kartu. Jie gali įvairuoti intensymume, bet vienas kito draugystės negali palikti.

Požerskis šiuos abu tikroviškosios fotografijos atspalvius išlaiko dideliame tyrume. Nuo objektyviojo gyvenimiškumo jis nenukrypsta nė per plauką, ir toj pačioj fotografijoj pagautai gyvenimo akimirkai jis uždeda aiškų interpretacinį antspaudą. Jo emocinė interpretacija pasirodo momento pagavime, ypač žmonių veiduose, gestuose bei laikysenoj. Ji išduoda ne tik fotografuojamo gyvenimo emocinį krūvį, bet ir paties fotografo. Žiūrint į Požerskio nufotografuotą žmogų, jaučiasi sąskambis tarp nustebusio ar maldoj pasinėrusio išraiškingo veido ir paties fotografo nuotaikos. Tikrumoje, šis fotografas nenuleidžia foto aparato užrakto tolei, kol neatranda to magiškojo susiklausymo tarp savęs ir jo fotografuojamo asmens. Čia Požerskis objektyvųjį gyvenimiškumą apnuogina ir savy ir kituose ir parodo paprastai akiai nepastebimą tikrovės gylį ir joje slypinčią prasmę. Požerskiui negana vien gražių kompozicijų, linijų bei šešėlių žaidimų. Šiuose akiai maloniuose vaizduose jis pasigestų žmogiškosios dvasios ir tuo apčiu kažko brangaus. Požerskiui fotografavimas yra gyvenimo užsiėmimas, ne žaislas. Jis rodo tikrovės pilnatvę, kur šalia šalto fakto stovi ir šilta širdis bei sukaupta dvasia.

*ATLAIDAI* | Lithuanian pilgrimages

**Žemaičių Kalvarija, 1977**

One of the 19 (rather than the traditional 14) chapels marking the Stations of the Cross visited by the faithful on their liturgical pilgrimages. The largest of these, drawing huge multitudes from all over Lithuania, occurs on Visitation Sunday.

*Viena iš 19 koplytėlių, kurias lanko tikintieji, apvaikščiodami Kryžiaus Kelius, žemaičių vadinamus „Kalnais". Didieji atlaidai čia būna Švč. M. Marijos Aplankymas, kada suvažiuoja didelės minios; kitų švenčių metu organizuotai Kryžiaus Kelius eina mažesni būreliai.*

The little boy is not too eager to follow his grandmother to the Atlaidai of the Sick, held the first week of September.

*Senelė keliauja į „Visų sergančių" atlaidus, pirmą rugsėjo savaitę, kada suvežami ligonys iš tolimesnių apylinkių. Vaikelis nelabai nori paklusti senelei ir į atlaidus nesiveržia.*

4

**Seda, 1983**

An old woman rings the bell to call the faithful to church on Assumption Sunday.

*Žolinės arba Švč. M. Marijos Dangun Paėmimo atlaidai. Močiutė skambina varpais, suvažiavusius šaukia į bažnyčią.*

The Atlaidai of St. Anne. This church is one of the more interesting examples of rustic architecture in Lithuania. Apparently a great lover of bees, the pastor has no place to keep his hives except in a corner of the idyllic churchyard. The little chapels in the background are stations of the cross.

*Šv. Onos atlaidai. Procesija. Klebonas, matyt, didelis bičių mėgėjas, ir, neturėdamas kur laikyti avilių, juos pastatė šventoriaus kampely. Žmonės, medžiai, stacijų koplytėlės ir bičių namelis sudaro idilią harmoniją.*

**Žemaičių Kalvarija, 1977**

Another of the 19 chapels built here in the early 1600s by Bishop Jurgis (George) Tiškevičius.

*Kita „Kalnų" koplytėlė, 17 a. pradžioje pastatydinta vyskupo Jurgio Tiškevičiaus.*

**Tverai, 1975**

People are streaming out of the church after Mass on Visitation Sunday. The ancient churchyard gate with its three openings is of a type quite common in Lithuania.

*Švč. M. Marijos Aplankymo atlaidai. Žmonės veržiasi iš bažnyčios. Labai seni ir įdomūs šventoriaus vartai su trimis angomis.*

## Grušlaukis, 1976

Since the church burned down in World War II, services are held in what used to be the garden shed. During the pilgrimage, the faithful walk in procession around the rubble of the former church in sad contemplation of the government's refusal to grant permission for the construction of a new church. While this procession is going on, a woman strikes a bell mounted on wooden supports.

*Bažnyčia Antro pasaulinio karo metu sudegė, pamaldos vyksta buvusioj daržinėj. Atlaidų metu procesija, išėjusi iš laikinosios bažnyčios, apeina aplink buvusios bažnyčios akmenis. Tai labai liūdnas prisiminimas, žinant, kad naujai bažnyčiai statyti leidimas neduodamas. Procesijos metu moteriškė skambina, muša varpą, iškeltą tarp medinių pastolių.*

14

**Alsėdžiai, 1976**

The Atlaidai of St. Bartholomew. The procession is accompanied by the tolling of bells and the beating of drums — in this case, two copper kettles covered by skins. Once quite common, such homemade drums have now almost completely disappeared from the Lithuanian countryside.

*Šv. Baltramiejaus atlaidai. Procesijos metu skambinama varpais ir mušamas būgnas — oda aptrauktas varinis katilas. Būgnai Lietuvoje baigia nykti.*

The Atlaidai of Our Lady of Mount Carmel. As the church is not large enough to hold all the faithful, some of them spill out into the yard. A father helps his daughter remove a speck from her eye; the gesture is symbolic of the parents' desire that their children look at the world with both eyes open and see its true values.

*Švč. Marijos Škaplierinės atlaidai. Pamaldos bažnyčioje. Ne visi tikintieji gali sutilpti, kiti šventoriuje. Tuo laiku į mergaitės akį įkrito krislas, ir tėvas gelbsti dukrai. Kažkas simboliška, kai tėvai nori, kad jų vaikai praregėtų, į tikras vertybes abiem akim žiūrėtų.*

**Pavandenė, 1977**

It is here, in the proximity of the church and in the shadow of a maple tree, that the little one finds peace at his mother's breast on St. Anne's Day.

*Šv. Onos atlaidai. Tik čia, bažnytėlės aplinkoj ir klevų pavėsy mažylis atranda ramybę ant motinos pečių.*

**Pavandenė, 1976**

St. Anne's Day. A few years later, this octagonal bell tower was no more to be seen. Vandals also smashed the window of the chapel on the right and stole the statue of Jesus Crucified and some others.

*Šv. Ona. Po kelerių metų tos aštuoniakampės varpinės kažkodėl jau nebebuvo. Dešinėje matomos koplytėlės langą vandalai išdaužė, Nukryžiuotąjį ir kelis smūtkelius pavogė.*

The Assumption Sunday procession is especially beautiful hereabouts, and the serious-faced, white-robed girls chosen to be in it look as pure and fresh as the flowers in their hands.

*Žolinės atlaidai. Čia procesija neįtikėtinai graži, o mergaitės, kurios turi laimės būti procesijos dalyvėmis, labai laimingos, išpuoštos baltais drabužėliais, panašios į rankose nešamas baltas gėles.*

**Pavandenė, 1976**

The photographer was captivated by the serenity of this young lady's expression: she had just received her First Communion on this St. Anne's Day.

*Šv. Ona. Atlaidų proga šiai mergaitei buvo ir pirmoji komunija. Mergaitės veide jaučiamas susikaupimas ir kažkoks dvasinis skaidrumas.*

**Pavandenė, 1976**

St. Anne's Day again. Some children received their First Communion, while others were confirmed. In the foreground, a grandmother buys her granddaughter a prayer book.

*Šv. Ona. Ne tik pirmoji komunija, bet ir sutvirtinimo sakramentas buvo suteiktas daugeliui vaikų. Močiutė šventės proga mergaitei nuperka maldaknygę.*

28

**Požerė, 1976**

The Atlaidai of the Transfiguration of the Lord. A woman fixes the dress of one of the girls who'll be taking part in the procession.

*Viešpaties Jėzaus Atsimainymo atlaidai. Vyresnioji taiso drabužį mergaitei, kuri turės procesijoje dalyvauti.*

**Varsėdžiai, 1976**

Assumption Sunday. We see the wooden church of a small village. The girls are getting ready for the procession.

*Žolinė. Nedidelio bažnytkaimio medinė bažnytėlė. Merginos ruošiasi procesijai.*

**Varsėdžiai, 1976**

A procession with banners around the church on Assumption Sunday.

*Žolinės atlaidai. Tretininkų ir dar viena vėliava procesijoj aplink bažnyčią.*

**Požerė, 1978**

The Atlaidai of the Transfiguration. Holding the ends of the ribbons behind the flag, the girls are waiting for the procession to begin. Note the faces of the women observing the scene.

*Viešpaties Jėzaus Atsimainymo atlaidai. Mergaitės, laikydamos vėliavos kaspinų galus, laukia, kada pajudės procesija. Charakteringi veidai moterų, kurios visa tai stebi.*

**Seirijai, 1981**

The Atlaidai of Our Lady of Mount Carmel. The picture of Christ carries the symbolic meaning of the Way.

*Švč. M. Marijos Škaplierinės atlaidai. Paveiksle Kristus turi simbolinę kelrodžio prasmę.*

**Žemaičių Kalvarija, 1978**

The Atlaidai of the Visitation draws thousands of believers. The picture, taken from the church balcony, shows the girls strewing flowers in the procession.

*Švč. M. Marijos Aplankymo atlaidai, tūkstantinės minios. Nuotrauka iš bažnyčios balkono. Gėlių barstytojos.*

**Žemaičių Kalvarija, 1978**

A rising wind taxes the heavy banners so that it takes two men to carry them.

*Pakilęs vėjas purena sunkias vėliavas, jas nešti reikia dviejų vyrų.*

**Žemaičių Kalvarija, 1981**

Thousands of hymn-singing pilgrims walk the Stations of the Cross.

*Tūkstančiai maldininkų giedodami eina Kalnus.*

**Žemaičių Kalvarija, 1984**

In the course of walking the Stations, the pilgrims pick their way carefully downhill.

*Maldininkai, lankydami Kalnus, atsargiai leidžiasi į pakalnę.*

**Žemaičių Kalvarija, 1984**

As the procession winds down, a sea of souls surges up behind the Host carried in a monstrance under the canopy.

*Procesijos pabaigoj, paskui Švenčiausiąjį monstrancijoj po baldakimu plaukia minios kaip jūra.*

**Žemaičių Kalvarija, 1977**

Of the 19 chapels to be found here, three are special: custom requires anyone visiting them for the first time to lie prostrate on the ground, in the shape of a cross. Behind one of these chapels (seen in this picture) there is a small lake which people believe to be sacred; they draw water from it into bottles and bring it home for use as holy water.

*Žemaičių Kalvarijoj trys koplytėlės išskirtinos tuo, kad kas jas lanko pirmą kartą, gula ant žemės kryžium. Už tos koplytėlės yra ežeriukas, kurį žmonės laiko šventu, jo vandenį semia į buteliukus ir nešasi namo.*

**Žemaičių Kalvarija, 1984**

Those who've been here before need merely kneel and raise their arms in prayer.

*Kurie Kalnus lanko ne pirmą sykį, tik suklaupę rankas laiko iškėlę.*

**Žemaičių Kalvarija, 1987**

Although it was a time of rain, this did not keep the faithful from walking the Stations. A grandmother is teaching her grandchild to observe the old custom of prostrating on the ground.

*Atlaidų metas buvo lietingas, bet tai nesulaikė nuo Kalnų lankymo. Močiutė pratina dukraitę laikytis senų papročių, gulti kryžiumi.*

**Žemaičių Kalvarija, 1984**

The town lies on the Varduva River, which the closely packed pilgrims are crossing by shuffling over a narrow bridge. A few others, meanwhile, dip into the river for a quick wash-up.

*Pro miestelį teka Varduvos upė, ir procesijos maldininkai susigrūdę traukia siauru tiltu; kiti prausiasi.*

**Žemaičių Kalvarija, 1984**

An elderly man who has fallen behind the others in the procession lies prostrate on the earth by himself.

*Nespėjęs su kitais žengti, senukas atsilikęs pats vienas glaudžiasi prie žemės.*

**Žemaičių Kalvarija, 1977**

The pilgrimage lasts long, up to twelve days, so it's no wonder that tractors are plying the farm road on a working day and raising clouds of dust.

*Atlaidai tęsiasi ilgai, iki 12 dienų, o procesijos metu sunkvežimiai keliu tarška ir kelia dulkes.*

The Atlaidai of Our Lady's Nativity. "How long will the procession stay by the statue of Mary?"

*Švč. M. Marijos Gimimo atlaidai. "Kaip ilgai procesija stovės prie Marijos statulos?"*

**Žemaičių Kalvarija, 1984**

The procession passes the lake the people regard as holy.

*Procesija žygiuoja pro ežeriuką, žmonių laikomą šventu.*

**Vėpriai, 1979**

Whitsunday. Since the government authorities tore down the chapels of the local Calvary and obliterated all traces of their former existence, the cross-carrying pilgrims visit, and pray at, the places where they used to be.

*Sekminės. Parapiečiai eina Kalvarijas. Kalvarijos koplyčias bolševikai nugriovė, pėdsakus panaikino, tai tikintieji nešdami kryžių lanko tas vietas, kur buvo koplyčios, ir meldžiasi.*

**Kražiai, 1976**

The Atlaidai of St. Rocco. Some still get to the church in the old way — by horse-drawn wagon. The girls, decked out for the procession, look pleased at the attention they're getting from the photographer.

*Šv. Roko atlaidai. Dar kai kas senoviniu būdu į atlaidus atvažiuoja arkliais. Mergaitės, aprengtos procesijai, džiaugiasi, kad jomis susidomėjo fotografas.*

The Atlaidai are ending. The boy is tired; he's found an empty confessional and sits guarding his mother's purse.

*Atlaidai baigiasi. Berniukas pavargo, šventoriuje pasinaudojo tuščia klausykla ir saugo motinėlės rankinuką.*

**Veivirženai, 1982**

The Atlaidai of St. Matthew. Only the little children and grandmothers remain in the churchyard by the brick fence.

*Šv. Motiejaus atlaidai. Šventoriuje prie mūrinės tvoros tik močiutės ir vaikaičiai.*

**Seirijai, 1981**

The Atlaidai of Our Lady of Mount Carmel. In the churchyard, a gallery of elderly women with serious faces.

*Švč. M. Marijos Škaplierinės atlaidai. Šventoriuje. Beveik vienos vyresnio amžiaus rimtais veidais moterys.*

**Žemaičių Kalvarija, 1986**

A year of heavy rainfall. Under a canopy of umbrellas, one can barely see the faces of the pilgrims making their way from chapel to chapel.

*Labai lietingi metai. Procesijoj į Kalnų koplytėles veidų pro skėčius kaip ir nematyti.*

**Seda, 1986**

The Atlaidai of the Assumption. The girls are lined up to receive the sacrament of confirmation from the hands of Bishop Antanas Vaičius.

*Žolinės atlaidai. Išsirikiavusios mergaitės pasiruošusios iš vyskupo Vaičiaus rankų gauti sutvirtinimo sakramentą.*

**Seda, 1986**

"Let's get closer to the bishop!"

*„Skubame arčiau vyskupo. Gausim ‚dirmavonės' sakramentą".*

Having confirmed them, Bishop Vaičius addresses the children: "Do you promise to love your parents? All who do, raise your hands."

*Vyskupas Antanas Vaičius, suteikęs sutvirtinimo sakramentą, kalbasi su vaikaičiais: „Ar pasižadate negerti, nerūkyti, tėvelius mylėti? Kas pasižada, pakelkit rankas".*

**Raseiniai, 1987**

Archbishop Liudas Povilonis administers the sacrament of confirmation. What an important moment this is in that girl's life!

*Arkivyskupas Liudas Povilonis teikia sutvirtinimo sakramentą. Koks svarbus momentas tos mergaitės gyvenime!*

**Pavandenė, 1976**

St. Anne's Day. The church and vestibule are not large enough to hold the crowd.

*Šv. Ona. Ir bažnyčia, ir prienagis nesutalpina visų.*

**Pavandenė, 1981**

St. Anne's Day. Holding candles in anticipation of First Communion.

*Šv. Ona. Mergaitės ir berniukai su žvakėmis pasiruošę pirmajai komunijai.*

**Beržonas, 1987**

The Atlaidai of the Assumption. With his mind on his task, the man in the procession has a firm grip on the banner.

*Žolinės atlaidai. Rimtas, susikaupęs vyras procesijoj tvirtai laiko vėliavos kotą.*

**Pivošiūnai, 1987**

A procession to commemorate the 600th anniversary of the Christianization of Lithuania.

*Procesija, minint Lietuvos krikščionybės 600 metų jubiliejų.*

**Plateliai, 1986**

The girls who'll be strewing flowers for the procession on St. John's Day are rehearsing.

*Prieš šv. Jono atlaidus gėlių barstytojos repetuoja. Kaip bus smagu, kai tūkstantinė minia į jas žiūrės! Reikia gerai pasiruošti ir nepadaryti klaidos.*

**Seda, 1983**

First Communion on the feast of the Assumption. Girls in front, boys closer to the door.

*Žolinė ir pirmoji komunija. Mergaitės prieky, berniukai arčiau durų.*

**Tverai, 1977**
Partaking of the Eucharist on St. Anne's Day.

*Šv. Onos atlaidai. Komunijos dalinimas.*

**Pavandenė, 1976**

St. Anne's Day. Both father and daughter are concentrating deeply on what is about to happen: her First Communion.

*Šv. Ona. Nepaprastai susikaupęs tėvas, susikaupusi ir dukrelė, pasiruošusi pirmajai komunijai.*

**Pavandenė, 1976**

St. Anne's Day. What's weighing on the mind of these three sisters?

*Šv. Ona. Trys labai rimtos, susirūpinusios sesutės.*

St. Anne's Day. After this woman had fainted in church, other women took her outside, gave her some water, and she revived.

*Šv. Ona. Šioji mergina bažnyčioje buvo nualpusi. Kitos moterys ją išnešė į šventorių, davė vandens, vaistų, ir ji atsigavo.*

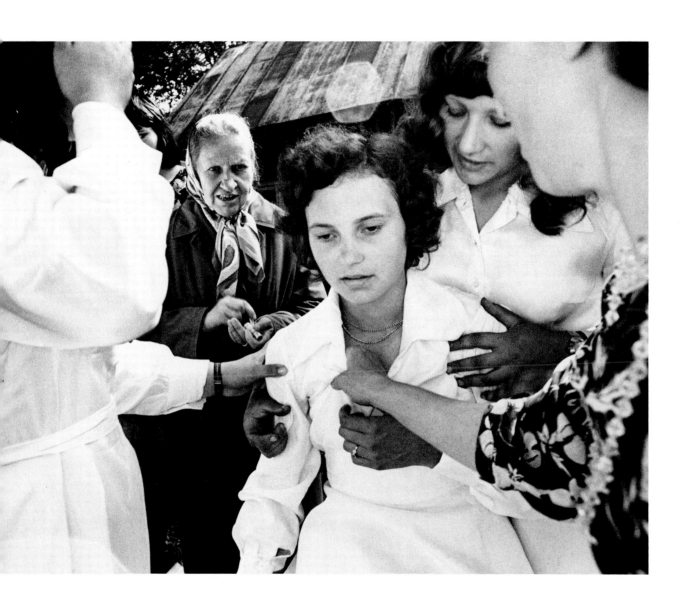

An ordination at the cathedral. Archbishop Povilonis is officiating. The prelate on the very left is Bishop (now Cardinal) Vincentas Sladkevičius. The cathedral can barely contain the throng. When the ceremony is over, relatives and friends of the newly consecrated priests will gather in the seminary yard for singing, speechmaking, and feasting until dusk.

*Didelė šventė ir džiaugsmas — katedroj naujų kunigų įšventinimas. Šventina arkivyskupas L. Povilonis. Visai kairėj vyskupas (dabar kardinolas) V. Sladke- vičius. Katedra pilna žmonių. Po šventinimų jaunų kunigų giminės, draugai renkasi seminarijos kieme, dainuoja, sako kalbas, vaišinasi. Ir taip iki vakaro.*

**Kaunas, 1984**

A young priest, newly ordained, has just left the cathedral and is walking towards the seminary yard. He has been met by a group of young well-wishers who've presented him with a bouquet of white roses.

*Neopresbiteris, jaunas kunigėlis, tik ką išėjęs iš katedros eina į seminarijos kiemą. Jį tuoj pasitinka jaunimas ir sveikina, įteikia baltų rožių.*

## Žemalė, 1978

The Atlaidai of St. Rocco. The stone church has the look of a fortress. Close to his father, the little child, too, must feel as if daddy's arms were a sanctuary.

*Šv. Roko atlaidai. Bažnyčia iš sucementuotų akmenų primena tvirtovę. Vaikelis tėvo rankose irgi jaučiasi saugus kaip tvirtovėje.*

**Daugai, 1979**

St. John's Day. The procession having ended, the silken banner must be slipped into its cover for safekeeping.

*Šv. Jonas. Procesija pasibaigė. Šilko vėliavą reikia saugoti ir įvilkti į užvalkalą.*

**Požerė, 1975**

The Atlaidai of the Transfiguration. Physical nourishment also is a necessity —
for both man and beast.

*Viešpaties Jėzaus Atsimainymo atlaiduose nuošaliau nuo bažnyčios „užkandžiau-
ja", sausą šieną kramto ir tas gerasis ūkininko draugas. Jo šeimininkai irgi
nesnaudžia, malšina alkį kiek atokiau.*

**Požerė, 1977**

Two girls pose "angelically" at the Atlaidai of the Transfiguration.

*Į Atsimainymo atlaidus atvykusios mergaitės žaidžia ir snaudžia.*

**Požerė, 1975**

The Atlaidai of the Transfiguration. These three blondes gladly agreed to have their picture taken, but Mother was a bit dubious.

*Atsimainymo atlaidai. Tos trys šviesiaplaukės mergaitės mielai sutiko fotografuotis, tik motina kažkuo suabejojo.*

**Kražiai, 1976**

St. Rocco's Day. While most people ride to the atlaidai by car, a few still hitch up the old horse-and-buggy. Kids love to sit in the open wagon and feel the rush of the air around them, as their forebears did for generations before. The young woman on the left knows she'll come out nicely in the photo, and smiles demurely for the occasion.

*Šv. Rokas. Į atlaidus daugiausia suvažiuoja automobiliais, bet yra kas dar arkliais. Vaikams labai įdomu įlipti į brikelę, pažiūrėt, kaip jų tėvai tik taip ir važinėdavo. Mergina kairėj žino, kad ji nuotraukoj gražiai išeis, ir moka nuosaikiai šypsotis.*

**Šilalė, 1976**

St. Anne's Day. After the atlaidai, this family has found a restful place in the shade not far from the church.

*Šv. Ona. Kažkur netoli bažnyčios, pavėsy, po atlaidų ilsisi gausi šeima.*

**Kražiai, 1976**

St. Rocco's Day. One of the two brothers is thinking hard about something; the other, his leg in a cast, enjoys a tender moment with their four-legged companion.

*Šv. Rokas. Du broliukai. Vienas kažkuo susirūpinęs, kitas, nors ir sugipsuota koja, džiaugiasi arkliuku.*

**Požerė, 1976**

The Atlaidai of the Transfiguration. Standing further apart from the others, a man seems to be alone with his thoughts in the churchyard.

*Viešpaties Jėzaus Atsimainymo atlaidai. Žmogus atokiau nuo kitų susikaupęs, lyg paskendęs gamtoje, lyg klausytų šventoriaus plačiašakių medžių šlamėjimo.*

**Kražiai, 1980**

Sitting against the churchyard wall on St. Rocco's Day, these feisty old-timers, each of whom has lived through his own measure of lean and hard times, swap news and views on life's passing show.

*Šv. Rokas. Nuostabiai pasisekusi nuotrauka. Prie šventoriaus mūro susitikę žemaičiai pasakoja praėjusių dienų įvykius, filosofuoja. Kiekvienas jų atskiras individas, nepakartojamas, daug vargo pakėlęs charakteris.*

**Varniai, 1984**

That year St. Anne's Day was wet and warm. Standing in the gateway to the churchyard, the photographer recorded this glimpse of father and daughter caught by the rain.

*Šv. Ona. Buvo šilta ir lietinga diena. Fotografas stovėjo šventoriaus vartų angoje ir laukė tinkamo momento aparato objektyvui. Ir sulaukė: ir tėvas, ir dukra sulyti.*

**Varniai, 1984**

It's after the Atlaidai, and we're heading home through the rain.

*Šv. Ona. Jau po atlaidų, ir per lietų traukiame namo.*

**Plateliai, 1975**

St. John's Eve: not the atlaidai, but a traditional folk festival. Young and old congregate from all over Samogitia and, lighting bonfires after dark, spend the night singing, dancing, and playing customary games.

*Čia ne atlaidai, bet šv. Jono išvakarės, tikra žemaičių šventė. Suvažiuoja, sueina jauni ir seni iš plačių apylinkių, net iš Klaipėdos. Sutemus kūrena laužą, šoka, dainuoja.*

**Kražiai, 1977**

St. Rocco's Day. This family came in a horse-drawn wagon. Seconds before the shot, the father placed his hand on his forehead, while the daughter tried to cover her eyes with her fingers.

*Šv. Rokas. Tėvas buvo susiėmęs galvą, o dukrelė nenorėjo fotografuotis, bandė uždengti akis. Fone iš akmenų namas jau labai modernus, ne senų laikų.*

**Pavandenė, 1986**

St. Anne's Day. While others arrived by car, these folks came to the atlaidai the old way.

*Šv. Ona. Jie atvažiavo į atlaidus dar arkliniu vežimu, kai kiti automobiliais.*

**Kražiai, 1981**

St. Rocco's Day. Though they're eyeing the photographer, these two ladies seem to be even more interested in the character on the left. That's the village eccentric. Every community seems to have folks who prefer to stand out from the rest by the way they dress, talk, or behave. Life would be duller without these harmless old birds.

*Šv. Rokas. Netoli šventoriaus dvi moterėlės stebi fotografą, bet dar labiau tą žmogelį. Tai kaimo keistuolis. Tokių mėgstančių filosofuoti, kuo nors išsiskirti galima užtikti kiekvienoj apylinkėj. Jei jų nebūtų, nebūtų įdomu gyventi.*

**Žemaičių Kalvarija, 1978**

Two old acquaintances run into each other at the atlaidai: "It seems like only yesterday I went out for the first time to plow my land — my own land. . ."

*Atlaiduose susitikę du seni pažįstami: „Lyg vakar, prisimenu, kai pirmą kartą išėjau arti, dar tada savo žemę arti. . ."*

**Kražiai, 1976**

St. Rocco's Day. Waiting for Mom and Dad to finish chatting with their friends in town.

*Šv. Rokas. Belaukiant, iki tėvai miestely išsišnekės.*

**Požerė, 1976**

The Atlaidai of the Transfiguration. While waiting for the children to return, Father talks to the horse, and Mother sits restlessly in the wagon, thinking: "What could be taking them so long?"

*Viešpaties Jėzaus Atsimainymo atlaidai. Tėvas, belaukdamas grįžtant vaikų, kalbasi su arkliu, motina nerimauja vežime: „Kur jie taip ilgai užtruko?"*

148

**Kražiai, 1984**

St. Roccos Day. The folks got held up in town; there's enough time to tidy up and comb one's hair.

*Šv. Rokas. Tėvai miestely užtruko. Galima neskubant susišukuoti, susitvarkyti.*

**Kražiai, 1977**

St. Rocco's Day. The atlaidai are over: the men aren't back yet, but the children find something to do.

*Šv. Rokas. Jau po atlaidų. Vyrai negrįžta, o vaikai randa ką veikti.*

**Pivašiūnai, 1982**

The Atlaidai of St. John. This scene has a more contemporary flavor: Mass has ended, some are picnicing, others are leaving, and there'll be lots of exhaust spewed out before it's all over.

*Šv. Jono atlaidai. Jau šių laikų vaizdas. Po pamaldų žmonės užkandžiauja, o kol visi išvažiuoja, daug triukšmo ir automobilių dūmų.*

**Kražiai, 1984**

St. Rocco's Day. After the atlaidai, there's a lively discussion around one empty bottle and two full ones.

*Šv. Rokas. Po atlaidų prie vieno tuščio, dviejų pilnų butelių smarkūs pokalbiai.*

**Krikštonys, 1979**

Some man talk before the women return for the ride home.

*Po atlaidų, belaukiant grįžtančių moterų, galima pasikalbėti ir pasiginčyti.*

**Tverai, 1976**

"Well, so long 'till next year, if God willing we're still around and kicking!"

*„Na, tai iki kitų metų, jei Dievas duos, jei būsim gyvi ir sveiki!"*

**Kurtuvėnai, 1979**

Shrove Tuesday (Mardi Gras), Lithuanian-style. The old customs associated with this festival — putting on costumes, making music, walking or riding from home to home in the countryside asking for treats — are on the verge of disappearing.

*Čia ne atlaidai, bet Užgavėnės. Jaunimas mėgdavo persirenginėti ir eidinėti, važinėti per kaimus, dainuoti, prašyti dovanų, vaišių. Tie papročiai jau ir toj apylinkėj baigia nykti.*

**Varsėdžiai, 1976**

Grabbing a bite before the ride home from the Assumption Sunday Atlaidai.

*Žolinės atlaidai pasibaigė, o kol visi išvažinės į namus, pirma reikia pasistiprinti.*

**Krikštonys, 1979**

Waiting for the others. "Thanks, mister, for taking our picture."

*Laukiam grįžtančių vyrų. „Ačiū, ponas, kad mus fotografuojate".*

St. Roccos's Day. While waiting for the bus home, there was time to pick up a bottle in town.

*Šv. Rokas. Po atlaidų belaukiant autobuso. Ta proga miestely pavyko nusipirkti ir bonkelę.*

**Žemaičių Kalvarija, 1978**

Old buddies that haven't seen one another in a while have something to talk about after the atlaidai; and with a few drops under the belt the conversation gets warmer, engaging not just the mouth but the hands as well.

*Po atlaidų susitikus seniems draugams yra kas pašnekėti, yra ir ką į burnelę paimti. Ir šneka darosi šiltesnė, o kai pristinga žodžių, į talką ateina rankos.*

170

**Kražiai, 1976**

After St. Rocco's atlaidai, a little further away from the church, the fun starts. But this little fellow seems to have started early.

*Po žv. Roko atlaidų nuošaliau nuo bažnyčios prasideda linksmoji dalis ir vyrams, ir moterims. Tik tas berniukas paliktas užmaršty.*

**Laukuva, 1977**

Assumption Sunday. "So, take care till next time, girl. So long!"

*Žolinė. „Na, tai būk sveika, kūmute. Iki kito karto!"*

**Pavandenė, 1978**

St. Anne's Day. "It was so nice to see you and talk about the grandkids and in-laws, and about the days when we were young. ... If you're ever in the neighborhood, don't forget to drop by."

*Šv. Ona. „Matai, pasiginčijom, paplepėjom apie jaunas dienas, marčias ir anūkus ir vėl į namučius. Jei kada važiuosi pro šalį, užsuk pas mus".*

**Laukuva, 1976**

The Atlaidai of Our Lady of Mount Carmel. It's time to hitch up the horses, but they're being quite ornery about it. Thank goodness there's a strong helper around!

*Švč. M. Marijos Škaplierinės atlaidai. Jau po visam, reikia arklius prie vežimo kinkyti, o jie ožiuojasi. Gerai, kad atsirado stipri ir drąsi padėjėja.*

**Požerė, 1976**

The Transfiguration Atlaidai are over, the girls are tired, let's go home!

*Atsimainymo atlaidai pasibaigė, moterys pavargo, važiuojam greičiau namo!*

**Krikštonys, 1977**

Resting, after the Atlaidai.

*Jau ir po atlaidų! „Vieni ilsisi gražiam beržynėly, o aš vežimėly".*

**Kražiai, 1984**

St. Rocco's Day. "When it rained, it poured — just like out of a bucket! Around our wagon, we were ankle-deep in mud."

*Šv. Rokas. „Tai kad užėjo lietus, kad pylė kaip iš kibiro! Kur stovėjo vežimas, bala pasidarė".*

**Pavandenė, 1976**

St. Anne's Atlaidai are over. "All the other horsies are on the road already. When will my master come and let me run after them?"

*Šv. Onos atlaidai pasibaigė. „Anie arkliukai jau traukia namo, o kada ateis mano šeimininkas ir leis man paskui anuos bėgti?"*

**Nemunaitis, 1978**

When the Atlaidai of Mary's Nativity were finished, the photographer met a monk who invited him to share his dinner with him and another friend.

*Švč. M. Marijos Gimimo atlaidams pasibaigus, šio albumo fotografas susitiko su vienu vienuoliu. Vienuolis pasikvietė pas save pietų. Buvo ir dar vienas vienuolio draugas.*